Lucha Reyes

por

Nazib Fauntel

(Daniel Fuentes)

Título: **Lucha Reyes**
Nazib Fauntel (Daniel Fuentes) y César Vargas
Primera Edición: Los Ángeles, California, Estados Unidos de América

Veritas Invictus Publishing
8502 East Chapman Avenue # 302
Orange, California 92869
www.LuchaReyes.com

ISBN: 0-9846837-0-4
ISBN-13: 978-0-9846837-0-3
Copyright © 2011 Nazib Fauntel (Daniel Fuentes) y César Vargas

Impreso en los Estados Unidos de América.

All rights reserved. Todos los Derechos Reservados. Queda estrictamente prohibida la publicación parcial o total, tanto escrita como gráfica de esta obra, así como la distribución de la misma y de cualquier producto derivado, sin la autorización previa del autor, salvo para menciones en noticias o una reseña breve.

Edición: Dr. César Vargas
Diseño de portada: Dr. César Vargas

LUCHA REYES

Nazib Fauntel (Daniel Fuentes)

Nazib Fauntel

Coordinación

Dr. César Vargas

Nazib Fauntel

DEDICATORIA E INTRODUCCIÓN

Esta obra está dedicada al Pueblo de México que radica en todo el mundo, y que tiene en su corazón, como símbolo patrio extraoficial, la Canción Ranchera, ya que —como solía enfatizar mi buen amigo, en su momento el Cónsul de México en Santa Ana, Luis Miguel Ortiz Haro-Amieva—, en cualquier parte del mundo que haya un mexicano, ¡Ahí está México! Es tarea de referencia para todo grupo de Mariachi e intérprete de la Música Popular mexicana que se digne de serlo, conocer y promulgar la historia de esta gran mujer quien, con su estilo único y bravura escénica, puso en los más altos peldaños artísticos la Canción Mexicana.

Quien no conoce a Lucha Reyes, no conoce la Canción Ranchera.

Este libro fue recopilado de una serie de pláticas entre el Dr. César Vargas y Nazib Fauntel (Daniel Fuentes), por eso fluye como una conversación entre dos amigos, a quienes sólo los separa un par de tazas de café en una tranquila tarde primaveral.

Cada sección, o capítulo, sigue ese hilo del relato. Por ende, no es un recuento cronológico de la vida de Lucha Reyes, sino un recuento temático, como se platica entre amigos.

Te invitamos a que nos acompañes en la rememoración de la vida y las contribuciones de esta gran artista mexicana, cuya historia buscamos realzar.

A ti, querido lector, dedicamos esta obra.

CONTENIDO

	Agradecimientos	i
1	En la develación de la estatua	1
2	Lucha nace para mí	5
3	Sus orígenes	15
4	Sus inicios artísticos	19
5	Sus primeras grabaciones	33
6	Se le acaba la voz	37
7	Lucha en la radio	41
8	Luego de Los Trovadores Tapatíos	47
9	Lucha en el cine	53
10	La primera intérprete folclórica	61
11	Algunos exabruptos de Lucha	65
12	La aceptación cultural de la música ranchera	71
13	«La Potranca» habla sobre Lucha	75
14	Anécdota con «El Indio» Fernández	79
15	El principio del fin	81
16	El ocaso de Lucha	83
17	Recuerdos póstumos de Lucha	91
18	Influencia de Lucha en la música de hoy	97
19	El centenario del natalicio de Lucha	99
20	El olvido recordado	105

AGRADECIMIENTOS

Nazib: Agradezco a mi familia, por su apoyo en la realización de este proyecto y durante todos los viajes de investigación y demás diligencias que conllevaron a la realización del monumento, que ahora queda para la posteridad, en memoria de esta gran Mujer: Lucha Reyes.

César: Muchas gracias a mi familia, colaboradores y amigos por su gran paciencia durante este intrincado proceso que es escribir un libro, y por permitirme la libertad y el tiempo para dedicar tantas horas a la elaboración de esta digna obra.

1 EN LA DEVELACIÓN DE LA ESTATUA

En esa fresca mañana del 15 de noviembre del 2009, estaba en compañía de mi familia, amigos, conocidos, admiradores y demás personas que me acompañaban a rendir tributo a esta gran mujer, quien había traído a la aceptación general la música ranchera en México.

Esa era la mañana que se había designado para conmemorar la develación oficial —apropiadamente, en la Plaza de los Mariachis en el Este de Los Ángeles— de la estatua de bronce que se había comisionado para inmortalizar a una de las grandes figuras de la historia de México y —más precisamente— de la historia de la música mexicana.

Lucha Reyes había logrado lo imposible: Había entretejido dos segmentos de la población mexicana que, hasta ese entonces, habían estado diametralmente divididos.

Nazib Fauntel y la Supervisora del Condado Gloria Molina frente al monumento a Lucha Reyes en la Plaza de los Mariachis

LUCHA REYES

La unificadora Lucha Reyes, por cuestiones del destino, fue protagonista de una vida que, con sus emocionales y temperamentales altibajos, se ha hecho acreedora de homenajes poco publicitados.

En ese mismo momento surgieron sentimientos encontrados. Una gran lluvia de recuerdos, experiencias y vivencias que había tenido a lo largo de toda una carrera, dentro y fuera del entorno artístico, invadieron mi ser.

Esta era la culminación de una promesa, y se siente tan agradable finalizar algo que se ha prometido, especialmente algo que se ha prometido a uno mismo.

Sonreía de satisfacción por dentro, y mi felicidad se dibujaba por fuera.

En unos momentos me llamaría Rafael Abdo —el Maestro de Ceremonias a quien yo había elegido especialmente para esta ocasión— para pronunciar unas palabras acerca de este gran personaje, Lucha Reyes.

Al considerar lo que diría, de todo lo que sé de Lucha, fui remontado al primer encuentro que tuve con ella, en un escenario en el estado de Coahuila…

Pintura de Lucha Reyes en su adolescencia

2 LUCHA NACE PARA MÍ

Recién terminaba de cantar esa mujer fenomenal quien, con su imponente voz y sus ademanes bravíos, se adueñaba de ese escenario; su potente y rasposa voz todavía hacía eco en mis jóvenes oídos.

A mis nueve años, apenas podía comenzar a entender la magnitud de lo que estaba viviendo. Me impresionó mucho la presencia de aquel personaje.

Aprendí que su nombre era Lucha Reyes.

El maravilloso eco de su voz fue apabullado por el ensordecedor grito de la gente: «¡Viva México, Lucha! ¡Viva México!» Y, de niño, me asombraba porque había otros cantantes en el escenario, pero nadie provocaba esas reacciones en la gente.

Entonces, cuando ya era más grande, empecé a investigar quién era Lucha Reyes, y por qué tanto alboroto de la gente, por qué se enloquecía. Y me di cuenta que era el personaje más grande de la canción ranchera, que era *toda una cantante*. Que era joven, y había empezado su carrera cantando ópera. Y, por cuestiones del destino, se fue con una compañía a Europa, y en Alemania fue donde grabó su primer disco, pero como cantante soprano.

No obstante la habilidad, melodía y tesitura de Lucha, la compañía empezó a fracasar allá. Se venía el tiempo frío en Europa; Lucha se dañó mucho la garganta y se regresaron a México.

Ya en México estuvo bajo tratamientos cerca de un año, y ella quería volver a cantar. Y cuando intenta volver a cantar, se da cuenta de que su voz está muy ronca para seguir siendo soprano, pues esta es una voz completamente fina y delgada.

Entonces empieza a querer sacar las canciones rancheras y llevarlas al teatro, y su misma mamá le decía:

— Estás loca. No te van a permitir ese tipo de canciones en el teatro.

Aún siendo México, en ese entonces no permitían ese tipo de canciones en un teatro, pues había una división entre la música de teatro y la música popular.

Era una realidad de esa época que la música ranchera simplemente no entraba a los teatros —los pocos que había— ni la tocaban en las estaciones de radio, porque pensaban que no había gente que fuera al teatro, a pagar para escuchar esas canciones.

Pero Lucha Reyes le dijo a Miguel Lerdo de Tejada que quería cantar las canciones campiranas, pues se sentía muy ronca para seguir cantando soprano. Y él dijo: «Nosotros te acompañamos.», pues ya la conocía y sabía que podía cantar.

LUCHA REYES

Y así fue como se comenzó a presentar en los teatros en México, cantando la música campirana, pero con orquesta.

Cuando empezó el público a aceptarla más y más, llenaba teatros y la gente hacía cola para verla, fue cuando tomó la decisión de meter al mariachi a que la acompañara, pues ella era de Jalisco.

Y así es como ella logra esta incursión, pidiéndole al mariachi de Pepe Marmolejo que la acompañara. De esta manera es como empieza a aceptar el público a la música ranchera y a los mariachis.

Lucha Reyes logra, así, el respeto a nuestra canción mexicana, y el respeto a los mariachis. Por eso es que todo cantante de música ranchera y todo integrante de un mariachi debe conocer la historia de esta gran Mujer.

Lucha Reyes, cantando con Mariachi

LUCHA REYES

Este fue su gran legado y, aparte de eso, este personaje le puso un estilo a la canción ranchera. Porque antes de Lucha Reyes se cantaban las canciones rancheras en el campo. Y los hombres que cantaban estas canciones engolaban la voz como si fueran unos tenores, y las cantantes mujeres lo hacían como soprano.

La canción ranchera no estaba definida. Entonces, Lucha Reyes le hace una definición, y le pone un estilo que, hasta el día de hoy, es el único estilo que existe —el que impuso Lucha Reyes. Ese es el gran legado que este personaje nos dejó a los mexicanos.

Y han seguido muchos artistas, todos de la escuela de ella; todos tienen el mismo estilo. Lucha Reyes, también influyó a despertar la fama de Jorge Negrete quien, al ver que Lucha Reyes llenaba los teatros, dijo: «Aquí está el negocio.» y abandona la ópera y se incorpora a la música ranchera.

Y unos tres a cuatro años más tarde llega Pedro Infante, un hombre muy carismático que «cantaba muy bien las rancheras», y les ponía un estilo muy importante. Por eso se quedaron como los pilares de nuestra música, de los mexicanos. Lucha Reyes, quien fue la que abrió la brecha, Jorge Negrete, quien es la máxima figura masculina de la canción ranchera, un hombre que hablaba cinco idiomas, que sirvió en el ejército nacional, fue Secretario General de la Asociación Nacional de Actores (ANDA), y que tenía una personalidad enorme. El Señor simplemente era así; me tocó conocerlo también. Y a Pedro Infante también lo conocí. Pero Pedro Infante era un hombre más carismático. Le agradaba mucho a la gente popular; se sentían felices oyendo a Pedro. A Jorge también, pero a él siempre lo veían como ese Señorón que estaba enfrente; un Señor que tenía poder, que tenía una presencia imponente... muy diferente.

Así que las más grandes figuras de toda la historia de la música mexicana son Lucha Reyes, Jorge Negrete y Pedro Infante.

Recuerdo una anécdota de Jorge Negrete, cuando estaba en un teatro donde cantaba Lucha Reyes. Se mete a los camerinos, se pone detrás del telón y dice: «Esa vieja sí está bruta pa' cantar las canciones rancheras.» Luego dijo: «Aquí voy a entrar yo también.» y empezó a cantar las canciones rancheras, y el público lo aceptó a él también, pues era la figura masculina que faltaba en la música ranchera mexicana, un Charro.

Y así fue como Jorge Negrete se proyecta como el primer protagonista de la canción ranchera. Jorge Negrete graba una de sus canciones más reconocidas, *México Lindo*, que fue su testamento y su cumplimiento, pues sucede que, por razones del destino, él muere en Los Ángeles, y lo tienen que llevar de regreso a México para sepultarlo, y le sucedió lo que relata la canción. Jorge Negrete dejó un himno para todos los mexicanos en el exterior, y mucha gente no se fija en esto.

Lucha Reyes cantando en el Teatro Lírico de la Ciudad de México.

Jorge Negrete fue un Señorón que influyó mucho en México, y a mí me ha tocado estar en México en los homenajes que le realiza la ANDA el día 5 de diciembre en el Panteón Jardín, y he visto todo el grueso de las autoridades del Distrito Federal que se presentan, al igual que embajadores de otros países. Y cuando estuve allí me dijo Raúl Suárez, quien es el esposo de Miriam Núñez, del Requinto de Las Hermanas Núñez, conocida como *el Requinto Femenino Número Uno de México*. Llegamos con él, porque iba a cantar en el evento en el panteón, y le digo: «¡Qué inmensidad de gente! No había venido aquí.» Había como unas 250 personas presentes para el homenaje a Jorge Negrete. Había un podio para el sacerdote que iba a oficiar la misa, un escenario grande y varios cantantes de ranchero, entre ellos, Lorenzo Negrete y Rafael, quienes son los nietos de Jorge Negrete —hijos de Diana. Y le digo a Raúl Suárez que yo no había visto tanta gente en un homenaje como este. Y él me responde: «¿Ves toda esta gente, Nazib? Pues es apenas la mitad de la gente que se reúne para el homenaje a Pedro aquí arribita.» Pues la lápida de Pedro Infante está cerca de allí. «Nada más que esta gente que ves aquí, es la mejor gente de México, y la de allá es de gente popular.»

Pero lo bonito es que estos dos son los símbolos más grandes de la canción ranchera mexicana, en sus exponentes masculinos, y los mexicanos nos sentimos muy orgullosos de esto, sobre todo en mi persona, que tuve la oportunidad de conocerlos, al igual que a Lucha Reyes. Y nos sentimos muy orgullosos de estas grandes figuras, que dejaron un legado para las futuras generaciones.

Así que este es el relato de la vida de la gran Lucha Reyes, a través de los ojos de este acérrimo admirador.

LUCHA REYES

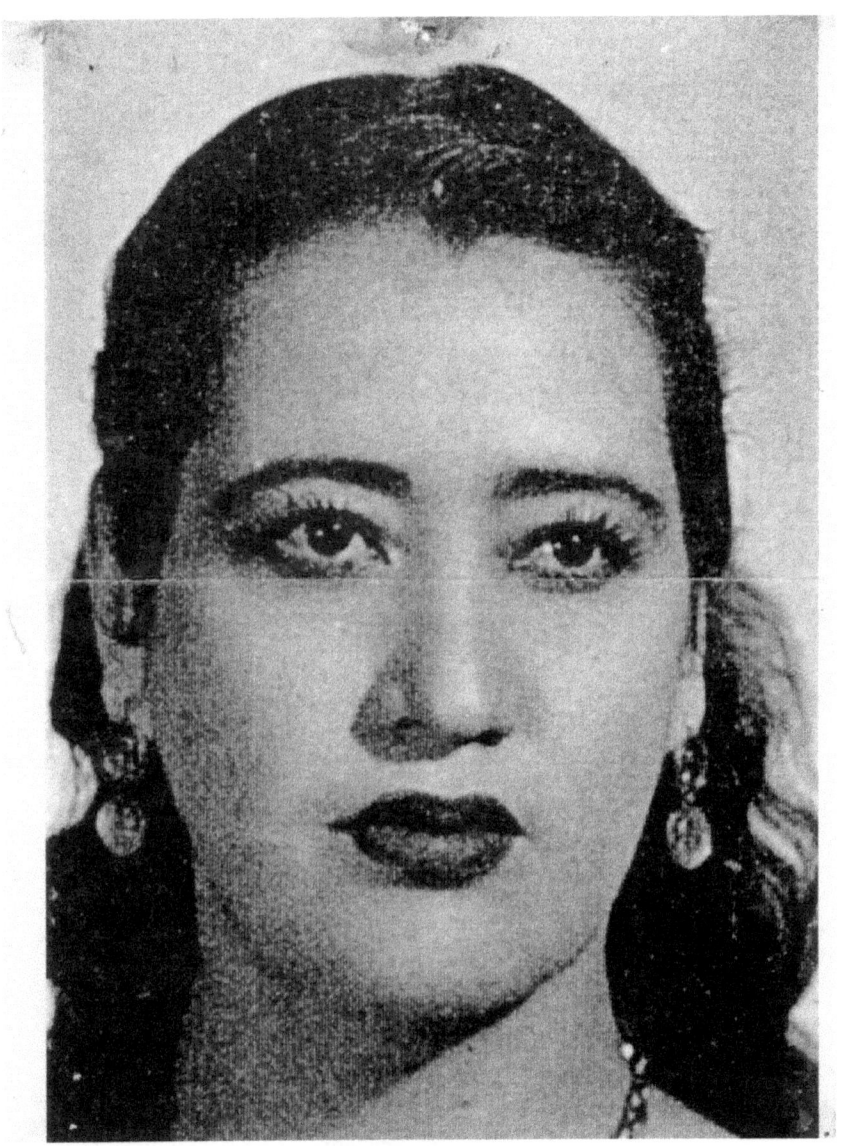

Foto de Lucha Reyes

☙

«Esa vieja sí está bruta pa' cantar las canciones rancheras.»
~Jorge Negrete, refiriéndose a Lucha Reyes

☙

3 SUS ORÍGENES

Un 23 de mayo de 1906, en la Perla de Occidente, la bella ciudad de Guadalajara, Jalisco (México), nace la fabulosa artista y cantante María de la Luz Flores Aceves, hija del General Miguel Ángel Flores, ex gobernador del estado de Sinaloa, y de la Sra. Victoria Aceves.

María de la Luz es una niña que, desde sus primeros años, se inclina por la música, quizás como solaz por haber perdido a su padre a tan temprana edad. Lucha tarareaba melodías como para afinar la voz — o quizás para ahogar el vacío que había dejado la partida de su padre en la vida de la pequeña.

Cuando Lucha tenía unos cinco años de edad, de repente y sin ninguna razón explicable, dejó de cantar. La niña había quedado muda debido a una enfermedad y tardó unos dos años en recuperar la voz. Debido a que la condición de la niña no progresaba y porque desconocía la causa de su mudez, su mamá la llevó con una curandera, quien alivió la mudez de Lucha, bajo condiciones un tanto duras, pero casi milagrosas.

La curandera, Lucha y su mamá se encontraban en la habitación única de la humilde vivienda, que servía de sala-comedor, recibidor y recámara de la curandera, pues ese tipo de construcciones eran la usanza arquitectónica de las unidades habitacionales más populares y accesibles de esos tiempos. De golpe, se abre la puerta de la entrada. Por el umbral entra una figura masculina y, a medida que azota la puerta detrás de sí, al ajustarse los ojos de las mujeres de nuevo a la tenue luz de la habitación, advierten los ojos rojizos y vidriosos del esposo de la curandera, quien hace un fútil esfuerzo para disimular su ebriedad.

— Ahora ¿qué tiene esta chamaca? —pregunta el briago.

— Se quedó muda, viejo. Tiene casi dos años que no dice palabra. —responde la curandera.

— Y me da mucho apuro, porque María de la Luz cantaba tan bonito. —agrega la Sra. Aceves.

El esposo se acerca a la niña, quien de inmediato baja sus ojos y clava la vista en el piso —quizás por respeto, quizás por temor. El hombre se inclina a la altura de Lucha, y su aliento no deja duda de que acaba de degustar el orgulloso producto destilado de la región, y dice:

— Así que cantas muy bonito, chamaca. Vamos a ver si es cierto.

El señor arrastra una silla cercana, acercándosela a él —no tanto por ser grosero, sino porque usó la silla para mantener el equilibrio— creando un estruendo con las patas de la silla, que hace estremecer a Lucha, quien ahora dirige su vista al achispado.

LUCHA REYES

El esposo de la curandera se tumba sobre la silla, la cual se nota un tanto vencida, pues aparentemente no era la primera vez que se dejaba caer sobre ese mueble.

— ¡Canta! —vocifera el imprudente.

Lucha hace el esfuerzo por lograr lo que desde hace años había sido imposible. Hace los movimientos y gestos. Nada.

— ¡Canta, te digo! —repite aquél su mandato aún más fuerte y enérgicamente, cruzando el brazo frente a su pecho, como si fuera a propinarle un golpe a la niña.

No sé si fue por la desesperación, la frustración o por querer escapar ese martirio pero, de repente, Lucha comienza a entonar una bella melodía. Cuando su meliflua voz satura repentinamente la humilde habitación, el borracho que había catalizado el milagro se congeló con el brazo amagado para asestar el revés, y lentamente dejó descender su mano, al compás de las notas que entonaba Lucha.

Las dos señoras estaban anonadadas por el acontecimiento y embelesadas por la armonía que producía la pequeña.

Suspiraron juntas.

Se volvieron a verse al mismo tiempo, y al unísono alzaron su mirada en reverencia a la Deidad por haber presenciado este milagro.

Más adelante, su mamá le dio el apellido *Reyes*, que provenía de su segundo esposo. Cuando Lucha tenía siete años, su mamá se la llevó a radicar a la Ciudad de México, donde daría sus pininos —y se destacaría— en el medio artístico.

☙

No sé si fue por la desesperación, la frustración o por querer escapar ese martirio pero, de repente, Lucha comienza a entonar una bella melodía.
~Cuando Lucha Reyes recupera su voz la primera vez

☙

4 SUS INICIOS ARTÍSTICOS

Alrededor de 1917, en la Ciudad de México, Distrito Federal, Lucha conoció a la persona que sería una de sus más cercanas amistades por el resto de su vida, una actriz española llamada Nancy Torres, apodada artísticamente «La Potranquita», quien tuvo su auge profesional y destacó en la época del cine mudo. Trabajaron juntas como dueto por algún tiempo, cuando Nancy estrenaba en México las películas *Ciclón de Oro* y *Serenata en Hollywood*. María Joaquina de la Portilla y Torres, «María Greever», compone en Nueva York su canción *Alma Mía*.

En ese entonces, Nancy trabajaba en una carpa de la plazuela de San Sebastián, y reconoció el talento vocal de Lucha, pues tenía una voz de soprano melodiosa y potente; para desarrollar esa habilidad innata, la hizo tomar clases en una escuela de Barriada. Lucha entró al escenario casi por accidente. Cuando se enfermó una de las cantantes de la carpa, Nancy consiguió que el encargado permitiera que la joven soprano la sustituyera.

Lucha Reyes, en su etapa de soprano

Así es como Lucha Reyes se inició en el Arte, cantando zarzuela. Utilizó el nombre artístico de Elvira Reyes (nunca aceptó el apellido de su padre) y cantó *Un viejo amor* con su educada voz operística. La melodía de su voz hizo eco en los oídos de los oyentes, quienes estaban embelesados por tan amena y potente representación de la adolescente. Al terminar, recibió una gran ovación. El público la apremió para que siguiera cantando, y desde entonces fue contratada como una de las artistas principales.

En esa ocasión, Lucha fue acompañada por un pianista judío-alemán de nombre Isaac Goldenberg, quien desde entonces la siguió y se convirtió en su maestro.

Esa fue la primera carpa en la Ciudad de México que presentó ópera; ahí cantó *Carmen* de Bizet, *Manon Lescaut* y *Madama Butterfly* de Giacomo Puccini y *Pagliacci* de Leoncavallo, siempre anunciando a Lucha Reyes como la cantante principal.

Al año siguiente llegó a México la Zarzuela: *La tirana, La dolorosa, La verbena de la paloma*. Esperanza Iris, conocida como «La Reina de la Opereta», invitó a Lucha Reyes a trabajar con ella en su teatro. Alternaron en numerosas operetas y Zarzuelas hasta que en 1925 llegó a México la compañía Francesa de teatro de revista *El batalán de París*, a la que Lucha Reyes ingresó con un nuevo seudónimo: Lucianne Duvacell.

Lucha Reyes en un artículo periodístico

LUCHA REYES

En 1921, con la ayuda de Nancy —y a instancias de ella—, Lucha es contratada para cantar en Los Ángeles, y en 1929 se casa con el periodista Gabriel Navarro.

Uno de los rumores —que aun desde esos tiempos solían darse en este ámbito de la farándula— es que Gabriel Navarro secuestró a Lucha Reyes en un viaje, y se confesó su enamorado y admirador secreto. Años después, Navarro se convierte en cronista de Arte y Espectáculos del periódico angelino *La Opinión*. También se rumora que la pareja sufrió un aborto involuntario, lo que hace que Lucha y Gabriel se separen posteriormente.

En 1925, Lucha Reyes cantaba en la Plaza Olvera, en Los Ángeles. Se presentaba en el Café Caliente, que hoy es el Paseo Inn. También cantaba en La Golondrina.

En 1932, David Alfaro Siqueiros pinta el mural que se encuentra en la Calle Olvera, que mucha gente ni siquiera sabe que está allí. Lucha admiraba a Siqueiros como pintor, y David Alfaro admiraba a Reyes como cantante única, pues ella alcanzaba notas muy altas. Ellos tenían una gran amistad, y una admiración y respeto mutuos. En una de sus muchas conversaciones vespertinas en la Plaza Olvera, Lucha le dijo a David: «Tú eres el mejor pintor de México», y Siqueiros le afirma: «Tú eres la Patria cantando».

David y Lucha salían a comer ya sea a La Golondrina o al Café Caliente. Esto lo sé de parte de don Antonio de Souza, uno de los más antiguos comerciantes de la Calle Olvera. Inclusive, arriba de su negocio, que era la Casa de Souza, en el techo, colinda con la pared del segundo piso del edificio contiguo, que es donde está el famoso mural, titulado *La América Tropical*, que tiene 6 metros de alto por 26 de largo.

Un día, me invitaron a ver el mural en Casa de Souza, porque quería verlo. Subimos por el elevador, luego levantaron la lona para que pudiésemos verlo, porque hoy en día está desteñido. Desde hace mucho tiempo el Alcalde de Los Ángeles dice que lo van a renovar. Pero no lo van a renovar, debido a la imagen belicosa e incendiaria que contiene, donde los soldados en el extremo derecho del mural le están tirando al indio que ya está crucificado. Y es por eso que está cubierto y que ese mural no verá más la luz del día ante el público en general.

Mural de David Alfaro Siqueiros «La América Tropical»

Siempre dice el Alcalde que lo van a restaurar, pero eso está en «veremos».

A fines de 1932, Lucha finalmente se divorcia de Gabriel Navarro y regresa de nuevo a la Ciudad de México para debutar en el Teatro de Doña Esperanza Iris, para cantar operetas y zarzuelas. Juan Nepomuceno se hizo cargo de las negociaciones para realizar la contratación. Lucha trabaja en el Teatro Politeama donde canta a dúo con Nancy y en los intermedios de la revista como solistas o haciendo dueto con Ana María Fernández y Tito Guízar.

LUCHA REYES

Después de ahí, Lucha pasó al Teatro Lírico, donde conoce a los cancioneros José «Pepe» Gutiérrez y Felipe Enríquez, a quienes invita a formar un trío, al que llamaron «México Lindo». Luego de la separación de Felipe, sólo queda un dueto, que se hicieron llamar «Los Trovadores Tapatíos». Pepe y Lucha tuvieron mucho éxito artístico con el dueto, que dura hasta 1937.

En 1934, Lucha se casa con el representante de artistas Félix Cervantes. Duraron ocho años casados. En 1942, ella se divorcia de Cervantes debido a una infidelidad de él. Después de eso, Lucha Reyes agarró una gran depresión, pues no quería divorciarse. Lo que más añoraba era la estabilidad, que parecía eludirla a toda costa. Sufrió un enorme desamor y una gran decepción de ella misma, y fue entonces que empezó a tomar. Hablaremos más sobre esta penosa etapa de su vida en la sección *El principio del fin*.

Pepe Gutiérrez y Lucha Reyes, Los Trovadores Tapatíos

LUCHA REYES

Poco después de haber regresado a México, Lucha formó el trío «Reyes Asencio» con las segundas tiples Blanca y Ofelia Asencio. Ellas, posteriormente y al separarse Lucha, formarían el trío «Garnica Asencio» con la cantante suplente Julia Garnica, quien poseía una tesitura de voz similar a la de Lucha.

En 1927, cuando Lucha tenía 21 años de edad, se vivía en México la Época de Oro de la canción ranchera. En esos tiempos inició para Lucha una de las etapas más difíciles de su vida. El anhelo interior de triunfar como solista la motivó a separarse del Trío, y viajó a Alemania con una compañía organizada por don Juan N. Torreblanca, quien era entonces director de la Orquesta Típica de México. En Berlín, la compañía fracasó y se rumora que el director los abandonó a su suerte. Por aproximadamente un año, vagaron por tierras germanas, donde pasaron enormes penurias, y actuaban en cafetines de mala muerte para sobrevivir y ganarse el *Brot* (pan). Lucha sentía un inexplicable nerviosismo al cantar, a pesar de que no había mucho público en las presentaciones. El fracaso sufrido en el extranjero fue una gran desilusión para Lucha, y reiniciaron los problemas con el alcohol. A su representante le molestaba el alcoholismo de la cantante, y constantemente se peleaba con ella por esa inclinación de ella. Había llegado el tiempo frío en Europa, y Lucha cantaba en medio de ese áspero clima y por eso sufre su voz.

Lucha Reyes, acompañada por el Dueto Los Moreno (Luis y Carmen), en el Teatro Mason

Cuando finalmente pudieron hacerlo, volvieron a México en un buque de carga, como pasajeros de tercera clase.

Debido a las contrariedades físicas y emocionales que había sufrido en Alemania, y a que no se había preparado con la ropa adecuada para soportar el austero clima del país germano, Lucha Reyes desarrolló una infección de gravedad en las vías respiratorias; por consiguiente, había quedado afónica. Debido a esto, Lucha estuvo recibiendo tratamiento médico por más de un año. Logró sobreponerse al mal, pero luego de su prolongada enfermedad, había perdido su bella tesitura como soprano. En ese momento, Lucha murió como cantante de ópera.

Pero toda muerte augura un nuevo comienzo.

Como la mitológica Ave Fénix, en esa muerte —aparentemente— contundente y terminante, Lucha Reyes había experimentado un cambio trascendente que la llevaría a la gloria y la conduciría a la inmortalidad; su voz se había tornado más grave y un tanto áspera, y era el instrumento ideal para el cambio al género Ranchero que Lucha había decidido hacer tiempo atrás.

Lucha Reyes, acompañada por el Dueto Los Moreno (Luis y Carmen), en el Teatro Mason.

LUCHA REYES

Cuando por fin pudo reaparecer en los escenarios, lo hizo cantando música del pueblo, acompañada por un guitarrista de nombre José «Pepe» Gutiérrez, con quien actuó por muchos años como el dueto «Los Trovadores Tapatíos». Pero antes de que llegara la gloria, la vida le tenía reservada una racha de penalidades como de un año más, pues se vio obligada a cantar en fiestas particulares y a entonar sones cubanos, y hasta a bailar rumba para ganarse el sustento.

Lucha Reyes

Lucha Reyes en Los Ángeles, 1942

5 SUS PRIMERAS GRABACIONES

Para que te des una idea de lo significativa que fue la contribución de Lucha Reyes a la música mexicana, déjame que te cuente la historia del auge de la canción *Cielito Lindo*.

Esta canción la compuso Quirino Mendoza en 1880. Él compuso esta canción con la idea de que se tocara en una sinfónica, y esto apenas se le logró en el año 1900, veinte años después de que la había generado. Pero en el momento que Lucha Reyes logra el respeto por la música ranchera, y los compositores de esa época comenzaron a hacer canciones para Lucha Reyes, como *La feria de las flores*, de Chucho Monge —que fue un exitazo cuando Lucha Reyes la grabó— y *Guadalajara*, del Pintor Musical de México, Pepe Guízar, que también fue un gran éxito. Cuando este género de música ranchera alcanzó su auge dentro de la sociedad de México, ya Lucha había catalizado el respeto por los Mariachis, *Cielito Lindo* tuvo un éxito vertiginoso, y se convirtió en una de las canciones mexicanas más grandes de todos los tiempos, que se ha escuchado en todos los continentes del mundo.

Parece que el destino le hizo pasar por todo lo que pasó para que tuviera ese acogimiento cultural, que estableció un nuevo género y le dio a México una expresión de la canción ranchera.

Hace poco le hicieron un evento de reconocimiento a Lucha Reyes en la Cineteca Nacional, que es donde están todas las películas mexicanas.

Lucha Reyes realizó sus primeras grabaciones en el sello Olimpia con dos arias operísticas, *La Habanera* de Carmen de Biset y luego con el «Embajador de la Canción Lírica», el Dr. Alfonso Ortiz Tirado.

Pero todo este éxito no vino sin problemas. Cuando Lucha Reyes contrajo matrimonio con el periodista Gabriel Navarro, tuvo con él un hijo, quien nació con insuficiencia respiratoria y murió unos días después de haber nacido. También se menciona de un aborto involuntario, en el cual Lucha estuvo al borde de la muerte y quedó sin la posibilidad de volver a procrear. Eso fue el catalizador de sus problemas y de ahí el alcohol empezó a convertirse en una válvula de escape para ella.

Tras esta crisis personal vino el divorcio, y volvió a cantar en varias ciudades de los Estados Unidos. Regresó a México en la Navidad de 1929.

En 1930 partió a Alemania para grabar discos en Polydor, como parte de un grupo de artistas. Viajaba la Orquesta Típica Torreblanca y Lucha era, a la vez, solista e integrante del Cuarteto Anáhuac, y fue cuando grabaron en Berlín:

La paloma de Serralde (sólo Luz Reyes)

Barcelona (dúo con M. de la Torre)

LUCHA REYES

Pregúntale a las estrellas (sólo Luz Reyes)

El cafetín (dúo con Rudolp Brendner)

La violetera (sólo Luz Reyes)

Atardecer en Berlín (dúo con Rudolp Brendner)

La taberna del puerto (sólo Luz Reyes)

Estudiantina (Cuarteto Anáhuac)

Lucha Reyes, ya como integrante de «Los Trovadores Tapatíos», graba con José Gutiérrez en 1935, cuando la corporación RCA Víctor inicia sus operaciones en México, cinco piezas musicales:

La delgadita (autor Juan S. Garrido)

El petate (autor Juan S. Garrido)

Corrido Villista (autor Jesús Monge)

Corrido del Agrarista Parte I (autor Lorenzo Barcelata)

Corrido del Agrarista Parte II (Autor Lorenzo Barcelata)

☙

Cuando Lucha había catalizado el respeto por los Mariachis, Cielito Lindo tuvo un éxito vertiginoso, y se convirtió en una de las canciones mexicanas más grandes de todos los tiempos, que se ha escuchado en todos los continentes del mundo.
~Influencia de Lucha Reyes sobre la imagen positiva de México en el mundo

☙

6 SE LE ACABA LA VOZ

Cuando Lucha viajó a Alemania tenía un plan grande y ambicioso. Envisionaba estudiar el *bel canto* en Italia, y sólo regresaría a México en plan grande para presentarse en Bellas Artes, en la ópera.

Usa como aliciente una foto que tiene pegada en la luna del ropero, donde porta un abrigo grueso, bufanda y guantes, y está parada en una calle de Berlín, toda cubierta de blanca nieve. En la foto, no sonríe —nunca acostumbró hacerlo— pero se ve contenta, pues está en el camino que ha trazado.

Pero esos planes se derrumbaron y las ilusiones se le esfumaron. Volvió a México muy enferma y sin dinero; había perdido la voz por completo. Durante largos y amargos meses lloró en silencio, pues no podía hablar, y mucho menos cantar. Se comunicaba simplemente con papelitos.

Visitas a médicos; medicinas y tratamientos y innovadores. Nada. El diagnóstico: Un virus desconocido, quizás una infección mal cuidada;

aparentemente, las cuerdas forzadas y rotas y —lo peor de todo— sin remedio.

A fin de cuentas, nadie se atrevía a diagnosticar. No había una explicación precisa y contundente. Además, para empeorar la situación, se interponía a todo posible tratamiento su carácter fuerte y su disposición pesimista.

Un día, del mismo inexplicable modo que perdió la voz, la recuperó. Excepto que ya no era *su voz*; el dulce y fluido tono asopranado ahora era otro. Se volvió un tono grave y desconocido, que alcanzaba notas de contralto y sin aviso alguno se desgarraba, y se quebraba inesperadamente en las notas sostenidas. Este cambio radical de su voz y el impulso de seguir cantando fueron lo que causara que decidiera inclinarse por la canción bravía, el único estilo que ahora tenía a su disposición.

Por ese tiempo es que conoce a Félix Cervantes; se enamoraron y se casaron. Sin embargo, no les duró mucho la felicidad. Ella era la estrella, la dueña de los escenarios, la triunfadora, colmada de compromisos y contratos. Y él Félix Cervantes, su «negrito», un hombre joven con ambiciones imparables; para él «El Señor Reyes».

Félix tenía mucho partido entre las jóvenes que querían competir con Lucha Reyes, pues tenía una colorida voz que todas imitaban, todas querían ser como Lucha; anhelaban parecérsele en todo.

Esto la inclinó a beber más tequila para combatir la doble angustia: La de perder su voz y la de perder a su «negrito».

Lucha quería un hijo para tener estabilidad y firmeza en su matrimonio. Añoraba un hogar y una casa de verdad, que tuviera horas fijas para comer. Deseaba hacer a un lado, hasta donde se pudiera, el trajín de los hoteles y las desveladas, y el ir y venir de las giras.

LUCHA REYES

Urgía robarle tiempo a su ajetreada vida de estrella para compartirlo con su «negrito» y con el hijo deseado. Inició así un nuevo recorrido por consultorios, médicos y laboratorios. Una vez más, su búsqueda fue infructuosa; Lucha resultó estéril, posiblemente por ese aborto que había sufrido antes.

Se resignó a este nuevo y aflictivo diagnóstico, y adoptaron una niña de cinco años, pues es la edad en la que los niños ya no requieren la atención constante, las 24 horas del día. Le pusieron de nombre María de la Luz Cervantes Flores, «Marilú».

Pero esta situación, en vez de resolver los problemas y las inseguridades de Lucha, trajeron nuevas asperezas a esa relación de por sí en conflicto. Resulta que a Cervantes no le hacían mucha gracia los niños, y mucho menos los ajenos. Este nuevo fracaso en la vida de la cantante la llevaron a refugiarse aún más en lo que se había convertido en su salida favorita: El tequila. Pero su uso —y abuso— iba en aumento, pues ahora lo tomaba después de cantar y en los días libres.

Todo esto agravó los problemas y los disgustos, y estos terminaron por alejar al marido del hogar, borrándolo entre la farándula. A fin de cuentas, Lucha se quedó sola con su pequeña Marilú.

Y para empeorar más la situación, su biógrafo, Manuel Arias Navarrete, menciona que por esos tiempos a Lucha Reyes, le diagnosticaron cáncer en el estómago.

Las cosas iban de mal en peor para la cantante. Pero entre sus problemas personales, también disfrutaba de algunos logros profesionales.

☙

El diagnóstico: Un virus desconocido, quizás una infección mal cuidada; aparentemente, las cuerdas forzadas y rotas y —lo peor de todo— sin remedio.
~Cuando Lucha Reyes pierde su voz la segunda vez

☙

7 LUCHA EN LA RADIO

A las nueve de la mañana del 18 de septiembre de 1930, un suceso cambiaría la vida musical no sólo de Lucha Reyes, sino de todo México. Desde los altos de Cine Olimpia en el centro de la Ciudad de México, el locutor Leopoldo de Samaniego inició las transmisiones de la radiodifusora XEW, «la Voz de la América Latina desde México». En el Acto Inaugural estuvieron —entre otros artistas— el Dr. Alfonso Ortiz Tirado, Juan Arvizu, Nestor Mesta Chaires, Josefina «La Chacha» Aguilar, Ana María Fernández, La Marimba Chiapaneca de los Hermanos «Foquet» y la Orquesta Típica de la Policía, dirigida por el michoacano Miguel Lerdo de Tejada. Acudieron también los compositores Jorge del Moral y Agustín Lara. Ortiz Tirado cantó ahí *Florecita* de María Greever. En ese acto inaugural, estuvo presente también Lucha Reyes.

El día 9 de marzo de 1933, José «Pepe» Gutiérrez y Lucha Reyes, integrados como el dueto «Los Trovadores Tapatíos», cantaron en el Club Monparnas; el 30 del mismo, se presentaron en el Politeama. La radiodifusora XETR inicia transmisiones desde sus estudios en el centro de la capital mexicana. El 4 de noviembre de 1933 el dueto actúa en *Saraos del retiro*, prolongando sus actuaciones por todo un mes.

Luego, como ya vimos, en 1934 Lucha contrae nupcias con el agente artístico Félix Martín Cervantes en la Ciudad de México, quien se considera el gran amor de su vida. Lucha continuamente le dedicaba a «su negrito» la canción *Traigo un amor*. Era tanto su amor y su aferramiento para con Cervantes que, al divorciarse de él siete años más tarde, tras una larga serie de vociferantes peleas —causadas por el explosivo temperamento de ambos— la vida de Lucha cayó en un descontrolado espiral de pesadumbres, que desembocaría en la salida de la cantante de esta vida por la puerta falsa.

Pero antes de eso, le esperaría a Lucha Reyes una serie de reconocimientos en el ámbito musical.

El estilo de Lucha Reyes fue una manifestación de su vida azarosa y atormentada. En ese entonces estaba de moda la música campirana, y el estilo de canto de Lucha Reyes era marcadamente diferente.

Su discografía la hace una de las intérpretes más prolíficas de su época, como se aprecia en este extenso listado de algunas de las canciones de la Época de Oro de la música mexicana:

1925:   *Arco Iris* (con Elvira Luz Reyes);*Carmen* (con Elvira Luz Reyes), por Georges Bizet

1926:   *Dónde estás, corazón*, por Luis M. Serrano (a dueto con Alfonso Ortiz Tirado); *La negra noche*, por Emilio D. Uranga (a dueto con Alfonso Ortiz Tirado); *Un viejo amor*, por Alfonso Esparza Oteo (a dueto con Alfonso Ortiz Tirado)

1927: *Ahora sí, ahora no* (Cuarteto Anáhuac); *Alma de mujer*, por Ernesto Mangas (Cuarteto Anáhuac); *Amapola del camino*, por G. Zornoza y J. R. Jiménez (Cuarteto Anáhuac); *Atardecer en Berlín* (a dueto con Rudolp Brendner); *Barcelona* (a dueto con Margarita de la Torre); *Dónde estás, corazón*, por Luis M. Serrano (regrabado con el Cuarteto Anáhuac); *Duerme* (Cuarteto Anáhuac); *El cafetín* (a dueto con Rudolp Brendner); *El coco*, por Ernesto Rubio (Cuarteto Anáhuac); *El tejón*, también por Ernesto Rubio (Cuarteto Anáhuac); *El pozo del Taray* (Cuarteto Anáhuac); *Estudiantina* (Cuarteto Anáhuac); *Las mañanitas* (Cuarteto Anáhuac); *La paloma de Serralde* (Cuarteto Anáhuac); *La potranca*, por Silvano Ramos (Cuarteto Anáhuac); *La prieta malora* (Cuarteto Anáhuac); *La taberna del puerto* (Cuarteto Anáhuac); *La violetera* (Cuarteto Anáhuac); *Nunca*, por Guty Cárdenas (Cuarteto Anáhuac); *Órale pues* (Cuarteto Anáhuac); *Pregúntale a las estrellas* (Cuarteto Anáhuac); *Un recuerdo para ti* (Cuarteto Anáhuac)

1930: *Alegre tabernera, Amapola, Anna, Ave María, El carro azul, Estrellita, Interludio, Narcisos azules* (todas como Luz Reyes); *Bogando en el rin, Celos* y *Selva negra* (ambas a dueto con Rudolp Brendner); *Lola, Puestas del sol, Quimeras* y *Rosas marchitas* (a dueto con Margarita de la Torre); *Sueños felices* (con Rudolp Brendner y Margarita de la Torre)

1935: *Corrido del agrarista*, por L. Barcelata y E. Cortázar, *El petate*, por J. Garrido y E. Cortázar, *La delgadita, La nueva Adelita* y *Corrido Villista*, por J. Garrido y E. Cortázar, (todas con «Los Trovadores Tapatíos»)

1937: *El tecolote, El valiente, La tequilera* y *Pero adecídase*, por Alfredo D' Orsay, *Andar* y *Torito retinto*, por Armando Rosales, *Pa' qué me sirve la vida*, por Chucho Monge, *La nopalera*, por Domingo

López, *A la brava*, por Felipe Bermejo, *Mujer ladina*, por J. J. Espinoza, *El aburrido*, *La Panchita* y *Oiga*, por Joaquín Pardavé, *Estás como rifle* y *Presumida*, por Lorenzo Barcelata, *La joyita* y *Pobre changuita*, por Manuel R. Piña, *Ay, que me muero* y *No me olvido*, por Margarita Lecuona, *Adiós, Cuquita, Sufrimiento* y *Tú dirás*, por Pedro Galindo, *Pensando en ti*, por Tomás Ponce Reyes, al igual que *Adiós Trenida*, *Ay, qué haré yo, Cuatrocientos kilómetros, El borracho, El parrandero, La ingrata, Los pilares de la cárcel* y *No seas malita* (todas con la Orquesta de A. Rosales)

1940: *Caray, caray* y *El avioncito*, por Alfredo D' Orsay, *Con los Dorados de Villa*, por Chucho Monge, *El despreciado* y *Golondrina mañanera*, por Víctor Huesca, al igual que *Amor secreto* y *El burro de mi vecino* (todas con los Hermanos Huesca); *Tu chinampa*, por Charito Ortega, *Si vas a matrimoniarte*, por Efraín Calderón, *Yo me muero donde quera*, por Federico Ruíz, *La mensa*, por Fidel A. Vista, *Ay, qué lindo es Guanajuato*, por G. Argote y A. Aguirre, *Tus caricias*, por Guillermo Campos, *Canción mexicana*, por Lalo Guerrero, *El herradero*, por Pedro Galindo, *Alma herida*, por Rodríguez Pastrán, *Dos generales*, por Vicente Flores, al igual que *Ni su recuerdo, Perdido y sin razón, Que me coman los gusanos* y *Ya no llores, corazón* (todas con el Mariachi Tapatío)

1941: *El Juan*, por Alfredo D' Orsay, *Corrido de Sonora* y *Mañanita*, por Antonio Galicia, *Ay, Jalisco no te rajes* y *Traigo un amor*, por E. Cortázar y M. Esperón, *El castigador*, por E. Cortázar y P. Galindo, *Juan Colorado*, por Felipe Bermejo y E. Oteo, *Tlaquepaque*, por Federico Ruíz, *Ya no*, por Felipe Bermejo, *No se te olvide*, por Fidel A. Vista, *Por un amor*, por Gilberto Parra, *Así semos en Jalisco*, *Ay, mamita* y *Uruapan*, por José Albarrán, *Sabe Dios*, por Luis Moreno, *El corrido de Chihuahua*, por P. de Lile y Felipe Bermejo, *Caminero*, por Rafael de Paz, *Caminito de Contreras* y *Los Tarzanes*, por Severiano Briseño, *Éntrale en ayunas*, por V. Huesca y E. Camacho, al igual que *Amor de los dos* y *Nueva vida* (todas con el Mariachi Vargas de Tecatitlán)

Lucha Reyes en el Congreso Internacional de Estadística, celebrado en el Country Club de México el 10 de diciembre de 1933.

☙

Desde los altos de Cine Olimpia en el centro de la Ciudad de México, el locutor Leopoldo de Samaniego inició las transmisiones de la radiodifusora XEW, «la Voz de la América Latina desde México».
~Suceso que otorga a Lucha Reyes un mayor auge internacional

☙

8 LUEGO DE LOS TROVADORES TAPATÍOS

En 1937 dejó el dueto con Pepe Gutiérrez. Ostentaba un porte altivo, y una figura espigada y de recia personalidad. Muchos de los músicos de esa época le escribieron sendas canciones de acuerdo a su imponente personalidad, como acabamos de ver en su discografía. Una de las canciones más acordes con el temperamento y disposición natural de Lucha fue *La Tequilera*. Antes de cantar la música ranchera, Lucha interpretó zarzuelas y algunas danzas mexicanas, en carpas y jacalones. *Alma de mujer* fue grabada en Hannover, Alemania. Como ya mencionamos, fue cuando grabó esta canción que quedó afectada de sus cuerdas vocales. Ella lo negó, pero muchos de los artistas que viajaron con ella así lo afirmaron. Al regresar de Alemania —fracasada y sin voz— regresó a los lugares más modestos en todo el país, pero —al mismo tiempo— los más cercanos al corazón del pueblo; esto le sirvió para ganarse el reencuentro con el público. En estas presentaciones, se dio cuenta que sus ademanes bravucones y sus notas de intenso sentimiento impactaban muy fuertemente al público que la escuchaba.

No era tanto una actuación escénica; es que ella realmente sufría. Amaba de verdad, y los hombres que amaba —algunos muy prominentes— causaban heridas en su corazón, «por un amor me desvelo y vivo apasionado, tengo un amor». Entre 1928 y 1933 hizo pareja artística con Nancy Torres, una hermosa mujer que se presentaba con el nombre artístico de «La Potranquita», quien había compartido momentos artísticos y sentimentales con Guty Cárdenas, un artista yucateco. Nancy comentó en una entrevista exclusiva que ella impulsó a Lucha Reyes a cantar música ranchera, pues solía cantar solamente música seria, música de ópera. Cuando se reunían, empezaban a cantar.

Muchos años después, Nancy Torres seguía hablando de su entrañable amiga: «Al mismo tiempo que era seca, todo eso que tenía encerrado —ve tú a saber— que alguna tragedia la hizo de esa forma; desquitaba de eso al cantar y lo vivía y renegaba, y lo hacía teniendo ganas de gritar y echarlo pa' fuera».

LUCHA REYES

Lucha Reyes y Pepe Gutiérrez

Lucha Reyes y Pepe Gutiérrez

Como suele suceder hoy en día con el ámbito de la farándula, Lucha Reyes no fue inmune a que se le atribuyesen varios amoríos. Se le rumoraba uno con el general Francisco Serrano; el empresario Félix Cervantes conoció a Lucha cuando su nombre adornaba los elencos del Folis Berger, el Teatro Lírico, el Restaurant Los Cocoteros y otros lugares de mucho prestigio y arraigo popular en la capital de México. Según relatan sus amistades íntimas en esa época, Lucha ya estaba muy arraigada en el consumo del tequila, y esto ocasionó una agravación de sus problemas. Han surgido muchas especulaciones acerca de la personalidad de Lucha Reyes. Para demostrar, su amiga Nancy Torres dice al respecto: «Y otra cosa curiosa de Lucha: No tenía nada de lesbiana, pero tampoco era abalanzada a los hombres, que le gustara uno y luego otro y luego otro; no le gustaba. Otra cosa curiosa es que quería ahogar y retener a un solo hombre, y por eso les aguantaba que le pegaran, y por eso fue que lo aguantó. Yo le vi las marcas cuando la enterramos, por ahí de las 5 de la tarde.»

El nacimiento y auge de la radio mexicana también resultó ser un enorme escaparate para Lucha Reyes, pues su voz cautivaba y embelesaba a los oyentes. Una vez, Guillermo Portillo dijo: «A Lucha le tocó un momento histórico a nuestro país en nuestra música, la consolidación del mariachi que desplazó a las orquestas típicas como acompañamiento musical. En ese lapso de 1935 a 1944, la música mexicana dejo de ser perseguida y criticada, abriéndose paso en el cine y el teatro. A lado de nuestro mariachi se consolidó como ícono de la mujer mexicana: la china poblana, que sufre porque ama mucho.»

Ese fue el comentario de Guillermo Portillo entonces, desde ese punto de vista. Pero como ahora conocemos la historia, sabemos que no es que a Lucha «le haya tocado» vivir ese momento histórico, sino que lo creó con su determinación, su presencia de escenario y su potente voz, que llenaba los corazones de toda audiencia ante la que se presentaba, ya sea en persona, en la radio o en el cine.

9 LUCHA EN EL CINE

En 1931 surge la primera película del Cine Sonoro mexicano, *Santa* con Lupita Tovar y Carlos Orellana. Lucha se divorcia tras el estreno de su película *Ramona*. Salvador Novo es cronista de la Ciudad de México. Lupe Vélez conquista Hollywood. María Antonia Peregrino «Toña la Negra» abandona sus estudios de medicina, al tiempo que es descubierta por Agustín Lara, quien vio en ella una de las mejores intérpretes, y a quien el compositor le dedicó entonces una canción especial, *Lamento jarocho*; con ella debutó en el Iris el 31 de diciembre de 1932, a las 18:30 horas, pero antes del día 5 de abril del mismo año, México habría de sufrir la pena de la muerte de Augusto Cárdenas Pinelo, «Guty Cárdenas», asesinado en la cantina Bach de la Ciudad de México, a los 26 años de edad.

En 1937, Lucha filma su primera película en el cine mexicano, *Canción del Alma*, hecha por los Estudios Plaza, dirigida por Chano Urueta. Ahí comparte estelares con Vilma Vidal, Rafael Falcón, Domingo Soler y Joaquín Pardave, entre otros. Se estrenó el día 8 de febrero de 1938, en el Cine Regis.

Cartel de Con los Dorados de Villa

LUCHA REYES

En esa película canta *La Mujer Rejega* y *Estás como Rifle*, de Lorenzo Barcelata.

En julio de 1938, cuando Lucha tenía 32 años de edad, aparece en la película *La Tierra del Mariachi*, dirigida por Raúl de Anda, y protagonizada por Jorge Vélez, Consuelo Frank y Carlos López «Chaflán». En ella interpretó varias canciones. De ahí se publica una reseña, donde se indica que actuará en el extranjero en una película de pistoleros. Ahí canta *Adiós*. Rosete Aranda, el famoso titiritero, crea un títere de Lucha Reyes.

En 1939 participa en la cinta *Los Dorados de Villa*, dirigida por Raúl de Anda, protagonizada por Pedro Armendáriz y Emilio «El Indio» Fernández. En esa película también trabajó Domingo Soler. Esa fue la primera ocasión en que Lucha Reyes habló en una película. En esa producción también cantó *Qué lindo es mi gringo* y, a dueto, *La negra noche*.

En 1940 realiza por primera vez un papel dramático en la película *El Zorro de Jalisco*, dirigida por José Benavidez, Jr., bajo la producción de Pegaso Films. Protagonizaron Pedro Armendáriz, Consuelo de Alba y Emilio «El Indio» Fernández. Lucha Reyes desempeña allí el papel de «La Nena».

En 1941 trabaja en la película *Ay, Jalisco, no te rajes*, dirigida por Joselito Rodríguez, basada en una novela de él mismo. Ahí actúa con Manuel Esperón, Jorge Negrete, Gloria Marín, Angel Garaza, el Trío «Tariácuri», Evita Muñoz «Chachita» y Antonio Badú. De esa cinta, saltaron al estrellato tres luminarias del cine mexicano: Jorge Negrete, Lucha Reyes y Gloria Marín, quienes hicieron giras con ella por toda la República Mexicana. Manuel Esperón ganó el premio de la Asociación de Periodistas; también marcó los inicios del cine sonoro mexicano. Ese mismo año, Lucha se divorció definitivamente de su gran amor, Félix Martín Cervantes.

En 1942, viaja en dos ocasiones a Los Ángeles, California para actuar en el Teatro Mason, una antigua casa de Ópera ubicada en la esquina de las calles Primera y Broadway. Para la década de 1940, este teatro presentaba películas mexicanas, alternadas con espectáculos.

En 1943, Films Mundiales invita a Emilio «El Indio» Fernández a dirigir la película *Flor silvestre*, basada en la novela *Sucedió Ayer* del Sr. Fernando Robles, alternando créditos con Dolores del Río y Pedro Armendáriz. También actuó en el filme el guitarrista Antonio Biribiezca y el Trío Calaveras. Esa película fue un éxito rotundo; se estrenó en veinte salas, con llenos a reventar. En el segundo semestre de ese mismo año, Lucha Reyes filma por última vez; se trata de un cortometraje titulado *Qué Rechulo es mi Tarzán*, dirigido por Mark Lizt. Con este éxito —y acompañada de Jorge Madrid, Humberto Rodríguez, Cuca Martínez y Leonor Rodríguez— Lucha Reyes llegaba a la cumbre, pero iniciaba su descenso.

Cartel de Con los Dorados de Villa

Esta es la filmografía de Lucha Reyes:

Cielito lindo (1935)

Canción del alma (1937)

La tierra del Mariachi (1938)

Rapsodia mexicana (1938)

Con los dorados de Villa (1939)

El zorro de Jalisco (1940)

¡Ay, Jalisco no te rajes! (1941)

¡Qué rechulo es mi Tarzán! (1942)

Flor Silvestre (1943)

LUCHA REYES

Lucha Reyes en Ay, Jalisco, no te rajes, *1941*

❧

De la película Ay, Jalisco, no te rajes, *saltaron al estrellato tres luminarias del cine mexicano: Jorge Negrete, Lucha Reyes y Gloria Marín.*
~Suceso que brinda un mayor impulso artístico a Lucha Reyes

❧

10 LA PRIMERA INTÉRPRETE FOLCLÓRICA

Lucha Reyes tuvo su primera aparición como intérprete folclórica se dio en el Teatro Politeama en 1932. Un Mariachi la acompañó para estrenar tres canciones que escribió para ella su amigo Agustín Lara: *Poco a poquito*, *Xochimilco* y *Por la barranca*.

Ya como solista absoluta, Lucha Reyes se decidió por la canción bravía —ya que su cambiada y resurgida voz se había adecuado bien para ese estilo— de 1937 a 1943, y es así que realiza sus grabaciones más populares.

México entró en furor con ella. Gracias a la combinación de su adiestramiento operístico y a los altibajos emocionales de su vida, Lucha rebosaba en talento, técnica, temperamento y una singular voz, diferente a cualquier otra. La gente nunca antes había escuchado interpretaciones de ese estilo.

Por todo esto, Lucha convirtió en un personaje fundamental de las tradicionales fiestas populares de la época; se hizo famosa por sus chistes picantes y sus albures.

Se reunía con un grupo de compañeras que salían juntas de parranda —mujeres todas—, pero figuraba también en la lista de sus amigos Emilio «El Indio» Fernández —que era su compadre—, el Coronel García Balseca, Diego Rivera y Frida Kahlo.

Detrás de su agresiva apariencia y su tempestiva conducta, escondía una infinita ternura. Lucha solía prestar ayuda a los más necesitados y a los desamparados, y esto es componente importante de su leyenda.

También se cuenta, aunque no esté muy corroborado, que Lucha poseía capacidades extrasensoriales y que entraba en trances, durante los cuales se le revelaba el futuro. Pudo así —tal vez— presagiar su propia catástrofe, de la que hablaremos más adelante.

Lucha Reyes con Mariachi en un palenque en la Cd. de México

☙

México entró en furor con ella. Gracias a la combinación de su adiestramiento operístico y a los altibajos emocionales de su vida, Lucha rebosaba en talento, técnica, temperamento y una singular voz, diferente a cualquier otra.
~Posiblemente, el secreto del éxito de Lucha Reyes

☙

11 ALGUNOS EXABRUPTOS DE LUCHA

Este relato fue contado por el propio Pepe Guízar en el programa *Cinco minutos de Mariachi*.

Pepe Guízar, conocido como «El pintor musical de México», fue contratado en el Teatro Iris, donde le presentaron a Lucha Reyes, quien entonces estaba a punto de terminar su contrato en ese lugar. Se saludaron, y le comentó que había escrito una canción muy bonita de su tierra y la pieza se llamaba *Guadalajara*. Se la escribió en un papelito. A Lucha Reyes le gustó mucho y se la memorizó muy rápido. Como Lucha ya se tenía que ir, pues ya había terminado su contrato, le dijo:

— Pepe, te voy a cantar una canción de nuestra tierra.

Y comienza a entontar la canción *Tlaquepaque*. De ahí en adelante, Lucha Reyes cantaba la canción de *Guadalajara* como parte de su repertorio, y tuvo un gran acogimiento y amplia recepción en todo el país.

En el cabaret Salón Rojo, Lucha Reyes fue protagonista de un suceso que la destacaría. Mientras ella cantaba, el militar José Sotaray la agredió verbalmente. Lucha fue a la mesa de él y le propinó una sonora bofetada, seguido de lo cual él desenfundó su arma y le apuntó con la misma. Lucha no se inmutó. Más bien le clavó la mirada y le gritó:

—¡Qué mal te parió tu chin**** madre que sólo eres valiente frente a una mujer!

Entonces Sotaray no se atrevió a jalar el gatillo; fue echado del cabaret, y Lucha Reyes reanudó su presentación.

En otra ocasión, Lucha Reyes escuchó desde su camerino que un sujeto le faltó el respeto a su amiga María Luisa Orozco «La Serranita». Entonces tomó una silla del camerino, y salió para estrellársela en la cabeza a aquel tipo.

En 1940, el presidente estadounidense Franklin D. Roosevelt llamó a Lucha Reyes a Washington, D.C. para cantar en la Casa Blanca. Olvidando el compromiso, ella que agarró la jarra y, obviamente, no se presentó; fue llevada —en estado de ebriedad— a un avión privado con médicos y enfermeras. En 1942, Lucha fue la única cantante mexicana en un festival de estrellas internacionales que se dieron cita para despedir a los soldados estadounidenses que iban a participar en la Segunda Guerra Mundial.

Lucha Reyes, cantando.

Una noche, Lucha estaba en un show en el Trocadero. Había bebido toda la noche y aún así sale a cantar.

El brillo de sus ojos es dividido en mil pedazos por venitas rojas. Su andar —afectado por su degustación tequilera nocturna— es vacilante y un tanto en serpenteo, pero se controla. En su programa figuran puras canciones de amor adolorido, cariño traicionado, afecto abandonado. Una rueda de luz blanca permanece al tanto de todos sus movimientos; ilumina al mismo tiempo el fiel vaso de tequila que se encuentra como utilería permanente en el estrado, a donde Lucha retorna con frecuencia una y otra vez durante sus representaciones. De repente, algo captura su mirada a la distancia. Se tapa la encandiladora luz con la palma abierta y advierte allá, en el fondo del salón, a una pareja que no disimula su conexión, con sus cabezas muy juntas, protegiendo su romance de las miradas curiosas con la oscuridad.

De manera intempestiva y repentina, Lucha sale de la pista y se pierde de la rueda de luz, penetrando en la oscuridad. De una mesa, toma una botella por el pico, que rompe con estrépito en una silla, sin aminorar el paso. Los clientes no saben qué sucede, pero le abren paso, con una mezcla de respeto y asombro.

Toma dos zancadas y se detiene frente a la pareja, separa violentamente sus cabezas, y se abalanza para golpear la cara de la mujer con la botella rota.

Un mesero que atendía por allí y trató de ser oportuno le detiene el brazo, y el pobre se desploma como agredido por un rayo. En ese momento se encienden las luces del salón. Lucha frunce el ceño y se queda mirando con extrañeza a la mujer por unos segundos. ¡No es Matilde Sánchez! ¡Y el que la acompaña tampoco es Félix Cervantes! Se imaginó que sin duda estarían en otro lado, besándose en algún rincón oscuro al igual que éstos, pues no satisfecha con robarle su estilo, le robaba también a su «negrito». Lucha se da la media vuelta y retorna a la pista, sin siquiera disculparse, más bien con una renovación de su amargura. Se acerca a los labios a su fiel acompañante de escenario, y toma otro trago de tequila antes de continuar cantando como si nada.

Por eso ella cantaba como nadie: Su presencia electrizaba; su esbelta y alta figura llenaba el amplio escenario, y su rostro delataba las rabias y los dolores que el cuerpo acumulaba y no encontraban salida adecuada. Ella les daba salida por medio de la voz, y con su canto nos compartía sus emociones, que entraban a nosotros por cada poro de la piel. Y una vez adentro, crecían sin dejarnos respirar; Lucha nos otorgaba su pasión, emitida desde su alma rota y que vertía con su falsete y su voz quebrantada.

Su garganta era un volcán en erupción, que emitía fuego, sentimiento y pasión.

Lucha Reyes y Pepe Gutiérrez

12 LA ACEPTACIÓN CULTURAL DE LA MÚSICA RANCHERA

El 1º de diciembre de 1935, toma posesión como Presidente Constitucional de la Nación el General Don Lázaro Cárdenas. La música favorita del nuevo mandatario era la canción ranchera; su cantante favorita, Lucha Reyes; su mariachi preferido, el Vargas de Tecatitlán. Luego de su Toma de Protesta, Lucha Reyes le canta su son preferido: «Juan Colorado»; enseguida, el Mariachi lo ensalza con otro son: «La Negra». Se podría argumentar que, como cantante favorita del mandatario de una nación, Lucha Reyes fue la «Marilyn Monroe mexicana», pero sin los amoríos dirigidos al estadista.

En el año de 1936, el Distrito Federal vive una extensa huelga de los empleados de la compañía de Electricidad; es por esto que sólo se podía cantar en los teatros capitalinos si contaban con su propia planta de electricidad.

También en 1936, Lucha grabó su último disco con su amigo y compañero José «Pepe» Gutiérrez, todavía como dueto de los «Trovadores Tapatíos». A partir de allí, cambió su nombre a *Lucha* en lugar de *Luz*. Cuando le preguntaron por qué lo cambió, nada más respondió: «Nomás por cambiar».

Alrededor de 1941, Lucha grabó lo que, en la estimación de muchos, es su más grande y destacada interpretación: *La Canción Mexicana*, del compositor mexicoamericano Don Eduardo «Lalo» Guerrero. Tiempo después también grabó el son *Juan Colorado* de la inspiración de Don Felipe Bermejo Araujo, con música de Don Alfonso Esparza Oteo, acompañada por el Mariachi Vargas de Tecatitlán.

Sin duda alguna, Lucha Reyes fue *La Madrina* de la música ranchera, pues por razones del destino y por su determinación personal se presenta cantando este género, primero, con orquesta, y después con mariachi.

Lucha Reyes

☙

Sin duda alguna, Lucha Reyes fue La Madrina de la música ranchera, pues por razones del destino y por su determinación personal se presenta cantando este género, primero, con orquesta, y después con mariachi.
~El legado de Lucha Reyes al género Mariachi

☙

13 «LA POTRANCA» HABLA SOBRE LUCHA

La personalidad de Lucha Reyes es cosa muy importante. Existe mucha gente a quien le gusta distorsionar las cosas. Yo la voy a describir tal y como era, sin agregar ni quitar, por el cariño que le tuve y le guardo hasta el día de hoy.

Era fría con la gente; no era de: «¿Cómo estás?» sino, «Quihúbole mi chula», y punto. En las fiestas era una señora, nada de que llegara pandeándose, haciendo el ridículo. No, nunca.

Tenía sus cosas, pero nunca en público. No creo que nadie pueda decir que hizo tal zafarrancho aquí, en tal cabaret. Era muy reservada en muchas cosas.

No podía ser madre, pero no le molestaba en lo absoluto. Y no tenía absolutamente nada de lesbiana, lo digo por su trayectoria. Pero tampoco era una mujer abalanzada a los hombres. En el fondo, quería detener a un solo hombre, y por eso los aguantaba.

Lucha no le entró a la droga; al tequila, sí.

Sí tomábamos. Todo mundo toma cuando está en una parranda. Y es mentira que se emborrachaba y lloraba por Félix Cervantes. Eso es falso; Lucha tomaba pero de una forma normal, porque teníamos que cantar en la noche en los cabaret.

Cuando terminábamos nos íbamos al César —que era un restaurante francés precioso— o al San Diego con Chema Dávila.

Ella trabajaba hasta las 7:00 de la mañana. Lo hacía, no para ahogarse, sino porque era una cancionera. No como las de ahora, con toda la amplitud que hay. Te pagan muy bien. Vas a la radio o la televisión. Pero no, hijo de mi alma, entonces el salario mugroso que ganabas en un cabaretucho o en el teatro, tenías que seguir cantando a quien te llamara. Y no te llamaban como artista, sino como llamas a un par de cancioneros.

Nunca tuvo tiempo para estar sola. Era muy seca toda esa cosa que tenía dentro; ve tú a saber si alguna tragedia la hizo en esa forma y la hizo cantar así; porque ella se desquitaba al cantar. Ahí echaba todo, hasta el coraje: Lo vivía y lo cantaba, y en alguna forma con ganas de gritar; otros no lo hacemos porque somos muy penitentes.

No tenía muchas amigas, ni en el teatro. Platicábamos de canciones y cosas. Criticábamos a los que no nos gustaban mutuamente, y era brava con quien fuera; no buscaba, pero encontraba. Una vez ella y yo tuvimos un pleitazo, aunque nos contentábamos después. Era cosa de copas y me dijo:

«No tengo ganas de pelear contigo; no me sirves para nada porque ahorita acabo contigo nomás con una.»

Fíjate, semejante mujerzota. Yo pesaba entonces 100 libras. Por más que yo era machita, me acababa. Con quien tenía pleitos era con Pepe

Gutiérrez, el guitarrista, porque tenía que ver con él, pero él la mandaba a pasear.

Cuando regresé a México, ya estaba haciendo dueto y trabajaban en el retiro.

De Lucha nunca supe que quisiera suicidarse, de Lupe Vélez —que era mi amiga—, sí. Cada que se peleaba con uno de sus amantes hacía la payasada, hasta que se le hizo, pero Lucha no.

Tenía 38 años cuando murió. Cuando la reencontré fue en 1942, porque la enterré en 1944.

«No tengo ganas de pelear contigo; no me sirves para nada porque ahorita acabo contigo nomás con una.»
~Pleitazo de Lucha Reyes con su amiga «La Potranca»

14 ANÉCDOTA CON «EL INDIO» FERNÁNDEZ

En esas fechas, Lucha Reyes cantaba en el Teatro Lírico y, al terminar la función, dijo Lucha: «Vamos a llevarle serenata al Indio (Fernández), porque es su cumpleaños.»

Y dijo Manuel Medel, cómico, esposo de Rosita Fornet y compañero de Cantinflas: «Yo cumplo años muy seguido, y a mí nunca me has llevado serenata.»

Lucha respondió: «¿Vienes o no?»

Manuel accedió.

Fueron a llevarle serenata al Indio Fernández, y se oía a Lucha hacer uso de su proeza vocal para entonar, como sólo ella sabía hacerlo, *El Herradero* con el Mariachi Tapatío Marmolejo. Dijo el Indio:

—Pásenle a cenar—. Pepe Marmolejo respondió:

—Será a almorzar— pues ya estaba a punto de amanecer.

El Indio respondió:

—Como quiera que sea, ¡pero métanse!

15 EL PRINCIPIO DEL FIN

Lucha Reyes tuvo un rápido ascenso al estrellato, luego de sufrir penurias y darse a conocer en el mundo artístico. Pero una serie de acontecimientos parecen haberle achicado el mundo fuera de los escenarios.

En 1943, muere Lorenzo Barcelata, autor de las canciones *Por ti aprendí a querer* y *Allá en el rancho grande*. Dos años antes había muerto Don Miguel Lerdo de Tejada. Pedro Infante se inicia con la película *La feria de las flores*, tema de una canción compuesta por el moreliano Jesús «Chucho» Monge. Jorge Negrete y María Félix saltan a la fama con la película *El peñón de las ánimas*.

Al poco tiempo, se empezó a comentar en los diarios que la carrera artística de Lucha comenzaba a ir en descenso por la evidente desmedida afición que mostraba por el tequila, y la gente empezó a decir, en son de broma, que su gran éxito, *La Tequilera*, era el retrato mismo de su vida, pues algunas de sus letras dicen: «Borrachita de tequila, tengo yo el alma mía, porque a mí me bautizaron con un trago de tequila».

Se cuenta que Lucha terminó por desacatar sus contratos, se alejó de los grandes teatros, que habían contribuido a su auge y popularidad, y ya no acudía a las radiodifusoras. Se había convertido en una mujer desaliñada, y no le preocupaba dejar plantado a sus admiradores... a su público.

Sus borracheras iban en aumento. Había dejado de comer, y no se preocupaba por su apariencia personal. Como ya no se trabajaba como antes, el dinero comenzó a escasear; el dueño del lujoso departamento donde vivía solamente la toleraba por ser su admirador.

Todo esto fue una serie de sucesos que marcaron el inicio del espiral que llevaría a Lucha Reyes a su última y eterna presentación.

16 EL OCASO DE LUCHA

Corría la madrugada del 25 de junio de 1944. A la distancia se escuchaba el aullar de una ambulancia que se aproximaba a la calle de Andalucía, en la Colonia Álamos del Distrito Federal (México), para detener su presagiante llanto en el # 86. Ahí se encontraba, en sus últimas, la Gran Cantante Lucha Reyes.

A Lucha ya no la aferraba a esta vida ningún aliciente, ni siquiera el sufrimiento de su hijita María de la Luz Cervantes Flores, de tan solo once años de edad, quien la veía cómo se destrozaba físicamente. A pesar de ello, dos días antes las actitudes de la cantante daban a entender que ya se estaba recuperando su ánimo por vivir. Había dejado de entregarse al consumo del tequila y, aunque su caminar denotaba sus antiguas andanzas y se tambaleaba un poco al andar, su hija quería pensar que ya habían concluido los diez días previos, llenos de tristezas y melancolía. Para Lucha, quien deambulaba lentamente entre pieza y pieza de su casa, la realidad era todo lo contrario; su verdadera tragedia apenas comenzaba. Intentaba escapar de la neblina mental, y a ratos tomaba refugio en una silla o sillón para aclarar sus pensamientos. Había mandado a su hija a la botica para comprar un frasco de medicinas. La inocente María de la Luz no tenía manera de saber que esos barbitúricos pondrían el último clavo en el ataúd de su madre. Como todo niño que obedece alegremente a sus padres, ella creía que los medicamentos servirían para aminorar el amargo sufrimiento de su mamá, quien era todo para la pequeña.

A las 13:00 horas del día 24 de junio, Lucha Reyes (quien todavía sufría por la reciente pérdida de su ex suegra) estaba a solas en su alcoba. Tenía en su mano el frasco con las pastillas que hace unos minutos le había traído su hija. Abrió el recipiente, y fue ingiriendo lentamente y una por una veinticinco de las cuarenta tabletas que contenía, y fueron mezclándose con el contenido de su estómago, que eran los residuos del tequila que había ingerido en días anteriores, lo que hizo multiplicar el efecto de las medicinas. Parte de ella estaba muy consciente de sus actos y el inevitable ocaso que se aproximaba; ya estaba a la vuelta de la esquina. Posó el frasco con las pastillas restantes sobre una mesa; su mirada se fijó por una última vez en ese frasco, cuyo contenido sería su verdugo y su eterno descanso. Se acostó, cerró los ojos y suspiró antes de conciliar el sueño. Lucha sabía que luego de entregarse a los brazos de Morfeo, jamás despertaría de nuevo. Poco a poco se dejó llevar en ese último recorrido por esta existencia, mientras se desprendía lentamente de su cuerpo, para más no volver.

Transcurrieron muchas horas desde que Lucha se encerrara en su habitación. Su pequeña María de la Luz, sin imaginar la tragedia que tenía lugar en su hogar, comenzó a preocuparse de que su mamá no despertara, sobre todo porque Lucha Reyes no acostumbraba dormir durante el día. Aún a su corta edad, María de la Luz alcanzaba a comprender que la condición en la que estaba su mamá no era nada normal. Irrumpió en la habitación donde yacía su madre. En el acto, sus ojos se dirigieron al frasco de barbitúricos que había comprado horas antes; al advertir que el frasco estaba medio vacío, comprendió lo que había sucedido. Casi en shock, sacudió a Lucha Reyes, intentando despertarla:

— ¡Mamá! ¡Mamá...! ¿Qué te pasa? ¡Despierta!

No hubo respuesta. El cuerpo, como marioneta sin titiritero, dejaba ver lo que el destino tenía preparado para la gran cantante: La muerte. La pequeña María de la Luz salió de la casa a toda prisa a buscar a sus tíos, Carmen Reyes y Manuel Flores, quienes radicaban a unas cuadras de allí. De inmediato llamaron a una ambulancia de la Cruz Roja.

El Sr. Juan Guerrero confirma que el día anterior había estado en el Cine Marina, y que ahí había una plaza de toros. «Era un día domingo, y hubo una corrida en la que el matador Isidro Paredes salió corneado. Terminó la fiesta como a las seis de la tarde, y yo salí hacia el camellón central; hacia la Calle Carrillo Puerto había un grupo de mariachis que estaban tocando, y estaba una mujer con un tarro de pulque. Estaba cantando muy bien entonada. Yo no sabía que era Lucha Reyes, hasta el día siguiente, que salió en los periódicos todo lo que yo había visto. De ahí jamás la volví a ver.»

Todos los periódicos imprimieron enormes titulares: «Sin explicación, Lucha Reyes se lleva sus sufrimientos», «Se envenenó Lucha Reyes por su propia voluntad» y «Todo permanece en el misterio». A las 2:20 horas de la madrugada del 25 de junio, Lucha abandonó el escenario de esta vida por la puerta falsa.

El Dr. Gustavo Pérez Cásares, originario de Puruándiro, Michoacán, fue el que le brindó los primeros auxilios, y quien llenó los registros de sus datos clínicos. Dice haberle practicado de emergencia diversos lavados estomacales y otras intervenciones que existían en ese momento. Cuenta el Dr. Pérez: «Tenía una severa crisis de intoxicación de barbitúricos y un penetrante olor a tequila. Yo hacía mi servicio social en ese hospital ese día, y luchamos por muchas horas tratando de salvarle la vida, pero todo fue inútil...»

El Dr. Pérez Cásares me contó esto cuando vino a visitarme en mi casa en Huntington Park, como en 1992. En ese entonces, él tenía unos 90 años de edad.

Estaba de pasante de medicina, haciendo su Servicio Social. Llegó en la madrugada y, al darse cuenta de que era Lucha Reyes, con más ahínco trataron de revivirla pero, al fin, falleció.

Entonces le comunicaron a la Asociación Nacional De Actores, y el Secretario General en turno —porque la ANDA no tiene Presidente— era Mario Moreno «Cantinflas». Él llegó y dijo: «Nosotros nos haremos cargo de todo.» Y así fue. Cantinflas le avisó a la mamá de Lucha Reyes, doña Victoria Aceves, para decirle que no se preocupara por nada, que todos los gastos correrían por cuenta de ellos.

La fecha de fundación de la ANDA es el 12 de noviembre de 1934. El primer Secretario General de la Asociación fue Don Fernando Soler.

El cuerpo de Lucha fue velado en la Capilla Dorada de la Agencia Alcázar en el Distrito Federal. Don Mario Moreno Reyes «Cantinflas» ordenó que la Unión de Actores pagara todos los gastos. Ahí con ella estuvieron, hasta su último momento, una infinidad de artistas y actores, entre ellos Agustín Lara, el Trío Tariácuri, Nancy Torres y Dolores del Río.

También estuvo con ella Margarita Cruz —quien era su asistente— y su sobrina Yolanda Sánchez Reyes.

A las 17:45 horas del día 25 de junio de 1944, se traslada el cuerpo de Lucha Reyes, para su eterno reposo, al Panteón Civil de Dolores, en la Sección de Actores. El procurador de justicia presentó la autorización de la dispensa en el último reconocimiento del cadáver, para que Carmen Reyes y Manuel Flores se hicieran cargo de trasladar el cuerpo de este gran ídolo mexicano hasta una funeraria, donde fue colocado en una capilla ardiente. Los restos de Lucha Reyes fueron visitados todo ese día, y hasta las primeras horas del siguiente, por cientos de personas, quienes deseaban despedirse de su ídolo, de su cancionera, de su Lucha. Luego, se había reunido una gran multitud en el Panteón Civil de Dolores, a donde irían a parar los restos de la cantante el día 26. También vinieron a despedir a Lucha las más famosas cancioneras de esa época y algunos de sus amigos más entrañables, como Jorge Negrete, Pituka de Foronda, Matilde Sánchez «La Torcacita», Mario Moreno «Cantinflas» y diferentes artistas del Cabaret Casablanca. Cuando estaban en la funeraria, y antes de que cerraran el féretro de manera permanente, Arturo Garres, escultor y pintor, quien era admirador y amigo fraterno de Lucha, hizo una mascarilla de su rostro, con el que posteriormente esculpiría una escultura. Luego el féretro fue trasladado al Panteón.

Durante su último descenso a la fosa sepulcral, el Mariachi Vargas de Tecatitlán entonaba *La Tequilera*, acompañando a Lucha Reyes a su última morada.

El lugar del eterno reposo de Lucha Reyes, Panteón Civil de Dolores

Acta de Defunción de Lucha Reyes

☙

«Sin explicación, Lucha Reyes se lleva sus sufrimientos.»
~Uno de los titulares sobre el fallecimiento de Lucha Reyes

☙

17 RECUERDOS PÓSTUMOS DE LUCHA

Lucha Reyes es —y seguirá siendo— la pionera y la máxima exponente de la canción mexicana. Conforme pasan los años, su figura se agranda cada vez más. Los máximos exponentes de nuestra música —mediante testimonios de viva voz— reconocen el talento y la grandeza de esta gran mujer. Pedro Vargas, en una entrevista con la otra magnífica cantante, Lucha Reyes, de Perú, dice lo siguiente: «Qué formidable; tiene el mismo nombre que la MAYOR ARTISTA NUESTRA que tuvimos en México en canción ranchera». Jorge Negrete, quien fuera su admirador y que le acompañara en su deceso hasta el último momento en el panteón Civil de Dolores, donde fue sepultada, inspirado por el porte y la presencia escénica de Lucha, adoptó algunas formas de ella, sobre todo en el parado en los escenarios —con esa gallardía y esos ademanes para darle mayor énfasis al interpretar la canción mexicana con mariachi. Sabemos de antemano que la personalidad de Lucha rompió las barreras de esa época sin importarle las críticas por ser poco femenina en sus interpretaciones, incluso de una forma masculina mucho mayor que la de un hombre cantante. Ataviada con el traje de china poblana, sombrero charro caído a la espalda, el águila de nuestro emblema Nacional plasmada en la espalda del chaquetín, una botella de tequila o mezcal en la mano, botas abajo de las rodillas y esa voz ríspida, bravía; son detalles que en esa época estaban totalmente prohibidos, sobre todo tratándose de una persona de sexo femenino.

He escuchado comentarios que en Monterrey, en la inauguración del teatro Iris en 1925, se presentó con otro nombre artístico Lucha Reyes, al lado de la española María Conesa, la Gatita Blanca. El teatro estaba ubicado en la Calzada Madero, entre las Avenidas Juárez y Colegio Civil, y que más tarde se adecuó con cinema, cambiando su nombre a Cine Lírico.

Platicaba con una persona mayor de esa época, y me comentaba que él había conocido a Lucha Reyes allá por 1940 en una plaza en Monterrey, ubicada en la manzana entre Calzada Madero y Avenida Reforma justamente donde ahora se encuentran los locales comerciales conocidos como Pasaje Calderón. «Eran unas gradas de madera, la vi como a unos 15 metros de distancia con su botella de tequila en la mano y con un vozarrón que hacía retumbar los micrófonos».

Poco después del fallecimiento de Lucha Reyes, su amiga Margo Su acompaña a Félix a visitar a la mamá de Lucha.

Félix se desempeñaba como representante de teatro, el cual es el cargo más importante, luego del empresario, pues debe administrar los fondos, y tiene el poder de contratar y despedir gente. Félix y Margo Su fueron a comer a la casa de la mamá de Lucha, quien recién estaba a cargo de una casa de huéspedes en mesones, justo detrás del teatro.

La señora Victoria, —madre de Lucha— era una viejita chiquita, que ya para ese entonces tenía el pelo blanco como el algodón, su rostro tiernamente adornado con cientos de arruguitas profundas que contaban un esbozo de su vida. Su cara era acentuada por sus bailarines ojos color de miel. Aunque andaba de luto —pues no hacía mucho tiempo atrás que se había suicidado Lucha—, era una mujer cariñosa y amable. Todavía quería a Félix, quien estuvo casado con Lucha por más de cuatro años.

Victoria le mostró a Margo Su los cuartos que tenía para alquilar. Eran como una casita de muñecas. Todos los muebles de las recámaras hacían juego; todo era nuevecito, hasta el edificio; todo tenía ese olor a nuevo: los muebles, las paredes y hasta las sábanas. La señora cobraba 25 pesos por semana y, quizás porque lo necesitaba o tal vez por no estar sola, se apuró a invitar a Margo a vivir con ella.

Margo Su aceptó contentísima, pues tendría un cuarto para ella solita, por primera vez.

Félix aceptó el acuerdo con el fin de ayudar a la viejita, pues se había quedado sin mucho apoyo económico. Lo sabía porque también le gestionaba unos terrenos de su propiedad y los derechos de los discos. A pesar de su rotundo éxito en los escenarios y la pantalla grande, la herencia de Lucha no ascendía a mucho.

Cuando Margo le preguntó a Félix que por qué el divorcio, que si Lucha tomaba mucho, la señora Victoria hizo como que buscaba algo en las esquinas del techo, traicionándola su tristeza y emoción, al enjugársele los ojos.

La viejita acostumbraba tomar un tequila con sangrita antes de la comida y, cuando tenía ganas de platicar, parecía una chiquilla de secundaria, y jalaba a Margo del brazo con todo y botellas. Se apresuraba a sentarse en la cama, estiraba las piernas y luego las enredaba ligeramente en un colorido chalecito hecho de lana y se recargaba en la cabecera. Margo, emocionada como culpable cómplice de una travesurilla blanca, se acercaba una silla para acomodarse frente a ella, y así se les iba toda la tarde en amena plática.

Su recámara parecía un museo personal en honor a su hija, con las paredes cubiertas totalmente de fotos de Lucha Reyes... era su vida en retratos: Lucha cuando era niña; Lucha de joven; Lucha cuando empezó en el canto; Lucha al alcanzar el estrellato; una foto con Félix cuando estaban casados; fotos con amigos del cine: Dolores del Río, Emilio «El Indio» Fernández y Gabriel Figueroa.

El tocador parece mostrador de miscelánea atiborrada, repleta de sus perfumes, frascos cuadrados y botellas grandes de distintas formas acomodados sin ton ni son, todas de diferentes matices de ámbar; la tenue luz que entra a la habitación, filtrada por la diáfana cortina, apenas permite ver los frasquitos más pequeños que contienen esencias más oscuras; todos los frascos están a medio usar.

El ambiente huele a todos los perfumes, cuyos olores se escapan por las tapitas inherméticas.

Dos roperos están a reventar de vestidos apretujados, bellos zapatos, vistosos sombreros; vestuario de trabajo, coloridos trajes de ranchera, adornados con cintas, listones y holanes que hacen juego y contrastan a la vez, exquisitos rebozos de seda arreglados con puntas largas tejidas. Junto a los vestidos están las chinas poblanas bien adornadas con su terciopelo negro, resaltadas por sus bordados en piedras y sus lentejuelas tricolores; luego le seguían los tradicionales trajes de charra amorosamente envueltos en telas de algodón para proteger los brillantes bordados de oro y plata.

Es conmovedor ver a la viejita limpiándolos con gran devoción al conversar; tiene en mano sus aditamentos: un cepillo finito y bicarbonato. «Si Lucha Reyes volviera ahora mismo, y pudiera retomar su vida como si nada hubiera pasado, aquí están todas sus cosas, sus objetos cotidianos, listos para que los utilice».

El 16 de enero de 1956, su amigo Agustín Lara relató sobre cómo conoció a Lucha Reyes:

> *Para hablar de Lucha Reyes hay que lavarse los dientes. Reyes fue —y sigue siendo— hermoso atributo de la inmortalidad, una bandera en la canción ranchera de México.*
>
> *No es solamente la huella de su estilo y de su voz; no es nada más la fibra de su garganta que se retorcía como una reata de chabinda; es su rebozo y su trago y su dolor y su misma vida lo que hace que ella viva en el recuerdo; es su calidez humana, su manera de ser y de saber hacer las cosas. Éramos muy jóvenes. Yo también fui muy joven alguna vez. Don Pepe Campillo formó un cuadro para salir de gira por la República. Nos fuimos con él un grupo de gente bohemia y dispuesta a todo.*
>
> *Entre los que marchamos en aquella caravana inolvidable estaba el Trío Garnica Asencio, el «Chato» Rugama, Ricardo Beltri, Raulito, Virgina Manzano, Alsina, Lucha Reyes, «El Charro» Rodríguez y un servidor. Todos hacíamos todo, pero cuando El Charro envolvía con los arabescos de su lazo la figura chinaca de Lucha y ella cantaba como sólo ella sabía cantar, se desgajaba el aplauso como si fuera un cielo de gritos y balazos que se regara en la bandera mexicana convertido en estrellas.*
>
> *Estrenó una canción mía que comenzaba diciendo: «Hace poco menos de cuatro noches que no sé dónde andarás», y cada que se escuchaba esto, la gente aullaba. Yo recuerdo que en Guadalajara armó la grande, porque además de su personalidad inconfundiblemente nuestra, ponía en su gesto y en su voz y en todo ella un algo de bravura y de ternezas…*

un «no sé qué» de arrobo y desafío que la hizo ser Lucha Reyes. Así la conocí.

18 INFLUENCIA DE LUCHA REYES EN LA MÚSICA DE HOY

Los nuevos cantantes de nuestra década, que son Pepe Aguilar, Pedro Fernández y Mariachi Sol de México, entre otros, siguen siendo influenciados por la música y el estilo de Lucha Reyes.

Luego de que Lucha perdiera la voz durante el gélido invierno germano, y posteriormente recuperara su voz, cuando cantaba las canciones rancheras, gracias a su preparación de soprano y cantante operática, la voz le daba para alcanzar todos los tonos que requería la canción ranchera, y más.

Lucha alcanzaba las notas altas y más, las sobrealtas.

Hoy en día, los intérpretes que tienen este tipo de habilidad vocal, y lo hacen bien, son los más destacados.

☙

Los nuevos cantantes de nuestra década, que son Pepe Aguilar, Pedro Fernández y Mariachi Sol de México, entre otros, siguen siendo influenciados por la música y el estilo de Lucha Reyes.
~La influencia del estilo que impuso Lucha Reyes sigue teniendo relevancia hoy en día

☙

19 EL CENTENARIO DEL NATALICIO DE LUCHA

El 23 de mayo del 2006, Lucha Reyes cumpliría Cien Años de su natalicio. Mandé hacer una misa en la Catedral de México para celebrar los cien años del natalicio de Lucha. La hicimos con un gran éxito, con un lleno de la Catedral —que es inmensa. Un restaurantero, que tiene su establecimiento como a unas tres cuadras del Zócalo, nos ofreció gratuitamente una comida para cien personas. Posteriormente, a las 7:00 de la noche, tuvimos una gran fiesta en el Teatro Jorge Negrete, el cual nos ofreció gratuitamente la Asociación Nacional de Actores (ANDA), por tratarse de los Cien Años de Lucha Reyes. Invitamos a las más grandes figuras y artistas, entre las que estaban Adolfo Garza, Gerardo Reyes, América Martin, Las Hermanas Núñez, Diana Negrete, Lorenzo Negrete (nieto de Jorge), Raúl Suárez (del Gran Circo Hermanos Suárez de México) y el mariachi enorme de 15 componentes que mandó la Secretaría de la Marina, vestidos a todo lujo, que se encargó de acompañar a todos los artistas. Afuera del teatro se nos quedaron más de 400 personas, pues ya no hubo cupo… estaba totalmente lleno. Fue todo un éxito y una satisfacción totalmente agradable, pues mediante este evento celebramos la música mexicana. Y las Autoridades y los medios de comunicación nos apoyaron. La XEW estuvo hablando dos días sobre los Cien Años de Lucha Reyes, completamente gratuito.

Siempre he sido un gran admirador de ella porque se me metió en mi cerebro de chico, y me impresionó su porte, su presencia en el escenario y su voz.

Fui muy impresionado por el gran legado que dejó Lucha, pues la canción mexicana logró el respeto cultural, ya que antes de Lucha este tipo de música no se permitía en los teatros. Pero como ella había sido soprano, pudo traer la música del campo a los teatros.

Pedro Vargas y Nazib Fauntel

Nazib Fauntel, Alcalde de Los Ángeles Tom Bradley y Mario Moreno «Cantinflas»

Sarita Montiel y Nazib Fauntel

☙

El 23 de mayo del 2006, mandé hacer una misa en la Catedral de México para celebrar los cien años del natalicio de Lucha. Luego tuvimos una gran fiesta en el Teatro Jorge Negrete, el cual nos ofreció la ANDA por tratarse de los Cien Años de Lucha Reyes.
~Celebración del Centenario del Natalicio de Lucha Reyes, organizada por Nazib Fauntel

☙

20 EL OLVIDO RECORDADO

Con todo esto, esta mañana —que comenzó fría por el rocío y concluyó con la calidez del recuerdo— nos reuníamos para celebrar la vida y el legado de este ícono de la Canción Ranchera, que puso en alto el nombre de México alrededor de todo el mundo. Consideraba que este fue el mejor agradecimiento a Lucha Reyes por su contribución al patrimonio azteca, al dejar plasmada su influencia para la posteridad. Ahora nos encontramos en esta ceremonia para develar el Monumento a Lucha Reyes el 15 de noviembre del 2009 en la Plaza de los Mariachis, en el Este de Los Ángeles.

Procurar el Monumento fue otra historia llena de peripecias. Fuimos a Guadalajara a hablar con el escultor de la estatua, Salvador Andrade Valdivia, de La Barca, Jalisco, y quien ha hecho obras de Juan Pablo II, de los ex presidentes Benito Juárez y Adolfo Ruiz Cortines, y del compositor Juventino Rosas en la Ciudad de México.

Jarrón de Lucha Reyes que vimos en un restaurante de Guadalajara (México)

Sergio Tinoco y Nazib Fauntel, junto a la estatua de Lucha Reyes, en Guadalajara (México), al irla a recoger

Me puse de acuerdo con él sobre cómo quería que fuera la estatua, y le dimos varias fotografías de Lucha Reyes para que viera lo que queríamos.

Primero me dio una maqueta de Lucha que no me gustó, ya que tenía un vestido largo, y en el brazo derecho tenía puesto el rebozo, apoyado sobre el cuerpo, para sostener el brazo. Le dije que eso no era lo que yo quería, que no era así como yo la recordaba. Yo quería verla como la conocí, con su rebozo, vestida de china poblana, con el escudo del águila mexicana enfrente, con las alas abiertas, con el calendario azteca en la espalda. Luego de estas explicaciones, me entendió lo que quería.

Le mostré la postura que yo quería, de un retrato que traía de Lucha con ese fin. El retrato de Lucha vestida de China Poblana, de picos verdes que brillan, y cantando y bailando la música de Mariachi. Así la quería... como yo la vi... como yo la recuerdo. Entonces el escultor tuvo que comenzar el monumento de nuevo.

Después de un tiempo, fuimos a Guadalajara a pagarla y a embarcarla para Los Ángeles, pero ya que la estatua no sería instalada y develada por unos meses, tuvimos que llevarla a guardar en una bodega en Santa Ana, California.

Estábamos también a la espera de los permisos de la Ciudad de Los Ángeles, que siempre son tardados. Para colmo, querían hacer coincidir la develación de la estatua con la inauguración de la línea del Metro que pasaría precisamente por allí.

Ya sabes cómo son esos trámites burocráticos, especialmente cuando hay que coordinar los proyectos de diferentes dependencias gubernamentales.

LUCHA REYES

Pero ahora esa estatua está allí, como símbolo de lo que significa sobreponerse a las circunstancias de la vida, a no dejarse vencer por los contratiempos que podamos encontrar, y a buscar dentro de nosotros lo que nos hace grandes, lo que nos distingue.

La estatua tiene casi tres metros de alto, y representa a esta intérprete con cualidades de soprano, conocida por su falsete. En la leyenda tiene escrito el nombre de Lucha Reyes y su año de nacimiento (1906) y el de su fallecimiento (1944), al igual que parte de la letra de una de las canciones que ella hizo famosa. También está el nombre de Daniel Fuentes, el verdadero nombre de Nazib Fauntel.

Ese monumento en la Plaza de los Mariachis, en Los Ángeles, es un testimonio firme de que la música ranchera vive, de que la música mexicana no sólo nos une, sino que nos eleva.

Lo único que nos resta por hacer en este asunto es abogar por que los restos de Lucha Reyes sean trasladados a la Rotonda de los Hombres Ilustres, como es debido.

De izq. a der., primera fila: Señorita México (Los Ángeles), Gloria Molina (Supervisora del Condado de Los Ángeles), Nazib Fauntel (Daniel Fuentes), José Huizar (Regente de la Ciudad de Los Ángeles), Juan Marcos Gutiérrez G. (Cónsul de México en Los Ángeles), Sergio Tinoco (empresario), Florencia Tinoco (soprano)

Leyenda frente al monumento de Lucha Reyes.

Nazib Fauntel y Dr. César Vargas en la Develación del Monumento

Nazib Fauntel, Dr. César Vargas y Florencia Tinoco, junto a la estatua

Nazib Fauntel, Cónsul Juan Marcos Gutiérrez y Rafael Abdo

Casa de Lucha Reyes cuando vivió en Los Ángeles

Nazib Fauntel

☙

www.**LuchaReyes**.com

☙

LUCHA REYES

HOJA DE PEDIDO AL REVERSO

Nazib Fauntel

Hoja de pedido

Deseo obtener ejemplares adicionales de *Lucha Reyes* para mí y/o para mis familiares, amigos y demás músicos profesionales, quienes TIENEN que conocer la historia de esta gran mujer.

Nombre: _____

Domicilio: _____

Ciudad: _____ Edo.: _____

País: _____ C.P.: _____

Correo electrónico (para confirmación): _____

Comentarios (adicionales al reverso): _____

Cantidad ____ X $12.95 (USD)   Subtotal $_____

Envío y manejo   EE.UU. y Canadá $ 7.50

A América Latina $ 12.50

Email: info@LuchaReyes.com Resto del mundo   Preguntar

Total adjunto (USD) $_____

Envíe esta hoja con su pago a:

Veritas Invictus Publishing
8502 East Chapman Avenue # 302
Orange, California 92869
United States

Para comprar por Internet con tarjeta de crédito, visite:
www.Lucha**Reyes**.com

www.ingramcontent.com/pod-product-compliance
Lightning Source LLC
Chambersburg PA
CBHW071706040426
42446CB00011B/1940